FILIPPO AUTI

"TEATRO DELLA DISPERAZIONE"

Pietro Ratti

Copyright © 2012 by Pietro Ratti
Tutti i diritti riservati (compresi i diritti
di traduzione in altre lingue). Nessuna
parte di questo libro può essere
riprodotta in qualsiasi forma (incluso fotocopia,
microfilm, copia scan o qualsivoglia
altra forma di copia cartacea o digitale)
senza autorizzazione scritta
da parte dell' autore.

ISBN 978-1-4716-1425-5

www.filippoauti.org

Filippo Auti, 2006, tempera, 30x42 Collezione Privata

INDICE

Prefazione

Biografia

Galleria

L'Ultima Performance

PREFAZIONE

Il mio interessamento per il pittore Auti ha avuto un' origine del tutto fortuita.

Nel Maggio del 2008 camminando con mia moglie nel quartiere di Brera a Milano mi fermai a parlare con il poeta Icaro Ravasi. Mentre stavo leggendo alcune poesie intravidi tra le carte del poeta (amico del pittore) alcuni dipinti di Auti che acquistai immediatamente. Devo confessare di essere stato subito colpito emotivamente dalla pittura di Auti, tanto è vero che ancora oggi asserisco che non fui io a scoprirlo ma lui a trovare me. Da quel momento ho iniziato a collezionare i suoi dipinti: posso dire di essere ogni giorno più colpito dal fascino e dal carisma di questo pittore così dirompente ed anticonvenzionale, così anarchico e rivoluzionario da poterlo definire un Caravaggio a cavallo tra il ventesimo ed il ventunesimo secolo.

Auti è un pittore disperato, fustigatore della società dei consumi e dell' ipocrisia della società contemporanea, sorretto solo dal suo amore per i poveri, gli umili e gli oppressi. I suoi manifesti politici contro questa società ipocrita sono un grido di disperazione di un pessimista che vede il marcio da cui è circondato e cerca di combatterlo con la sua testimonianza di vita e la sua opera di denuncia.

Egli è sempre stato povero; nato povero è vissuto da povero perché la sua arte rimanesse libera da ogni condizionamento: vendeva le sue tele di altissimo contenuto umano e spirituale per pochi soldi. I suoi amici pittori di Brera lo consideravano uno stravagante ma allo stesso tempo lo ammiravano e lo definivano "maestro". Egli non apprese l' arte da maestri o scuole, essa era dentro di lui! I suoi quadri sono tutti vibranti, eseguiti di getto, senza alcun ripensamento o esitazione: da essi si sprigiona una grande forza ed una grande disperazione che raramente ho avuto modo di percepire in altri pittori moderni e contemporanei (con la sola eccezione di Bacon) così tanto osannati da critici e curatori.

Auspico che questa pubblicazione stimoli la critica d' arte ad approfondire lo studio dell' opera e della personalità di Auti affinché questo grande artista italiano abbia la fama che merita.

Pietro Ratti

P.S.

Le opere che fanno parte di questo libro rappresentano una sintesi del suo mondo complesso: ho volutamente trascurato di pubblicare le opere a sfondo politico in quanto i tempi non sono ancora maturi per consentire al lettore di conservare quel distacco dalla polemica politica necessario ad apprezzare in modo più neutro l' opera ed i suoi contenuti umani.

BIOGRAFIA

Filippo Auti nacque a Faenza nel 1934. La madre, lavorante come cameriera presso una famiglia benestante della città, rimase incinta per opera di un componente di quella famiglia che non volle riconoscerne la paternità. A parziale discolpa, costui in seguito aiutò la donna a far crescere e studiare il figlioletto. Auti infatti fu mandato in collegio all' età di nove anni (1943). Egli ricordava spesso agli amici che in collegio (dove erano contemporaneamente acquartierate le truppe tedesche) fu testimone di un bombardamento aereo da parte degli Alleati anglosassoni: "Ho visto il sangue di un tedesco che colava dal letto a castello sopra il mio". Esperienza scioccante che compare spesso nei suoi dipinti (piccoli aerei stilizzati, bagliori, macchie rosse).

In seguito, sempre a Faenza ebbe la possibilità di frequentare il liceo classico, esperienza di studio che contribuì a formare le basi culturali che lo accompagnarono nel corso della sua vita. E' incerto se dopo il liceo abbia frequentato per qualche tempo l' università di Bologna, mentre è noto che il suo primo impiego fu presso le Poste di Bologna dove fu assunto anche grazie alla raccomandazione del padre naturale, allora attivista del Partito Socialista. Non sappiamo se l' impegno politico del padre naturale ebbe influenza sul distacco che egli sviluppò nei confronti dei partiti politici. Infatti si spostò nel corso della sua vita sempre più verso posizioni anarchiche. Di certo il lavoro presso le Poste non lo gratificava, quindi presto abbandonò il suo impiego sicuro facendo la coraggiosa scelta di vivere una vita più avventurosa: inizialmente vagabondò per qualche anno cominciando a disegnare e a dipingere vendendo le sue opere direttamente al pubblico. Verso la metà degli anni Cinquanta decise di trasferirsi definitivamente a Milano: qui conobbe artisti, attori e letterati dell' epoca frequentando tra gli altri Piero Manzoni, Lucio Fontana, Carlo Lizzani ed attori che lavoravano presso la sede RAI di Milano.

Dagli amici era visto come un simpatico trasgressivo, un genio dissacrante, un rivoluzionario dall' arte cinica e visionaria. Lavorava e dimorava in alberghetti o ospite presso amici dove capitava. Lizzani ne parlò in un suo libro e forse gli donò dei soldi con cui partì in aereo per Parigi dove si trasferì per qualche anno e dove continuò a mantenersi con la vendita diretta delle sue opere. Pare che abbia anche visitato Londra ma che vi rimase solo per pochi giorni preferendo l' atmosfera parigina.

Nella seconda metà degli anni Sessanta tornò in Italia dove si muoveva tra Milano, Bologna e Roma.

Un giorno, in piazza Navona a Roma, conobbe Pasolini ed in seguito ne parlò in modo entusiasta. Negli anni Settanta si trasferì definitivamente a Milano dove frequentava il quartiere degli artisti a Brera. Pochissime furono le mostre a lui dedicate in quanto la sua opera veniva dispersa essendo venduta tra i passanti occasionali: egli si accontentava di guadagnare attraverso la vendita diretta quanto bastava per sopravvivere in questo modo mantenendo intatta la sua assoluta libertà di espressione artistica senza nessun tipo di vincolo o condizionamento. Il suo amico e pittore Flavio Casotto ricorda che a quel periodo risalgono numerosi aneddoti circa suoi stravaganti comportamenti che ben si addicevano ad un personaggio così anarchico ed originale. Girovagava sempre per i locali di Brera come il "Due", il "Montmartre", la "Torre di Pisa" ed altri ancora dove vendeva le sue opere ai più svariati avventori, uno di questi, di cui divenne amico, fu Bettino Craxi che gli acquistò molti disegni pagandolo profumatamente. L' amico pittore Casotto riferisce che, qualche mese prima di morire, Bettino Craxi telefonasse dalla Tunisia dicendo che aver rivisto dei dipinti di Auti gli aveva ricordato con molta nostalgia l' ambiente di Brera di quegli anni passati. Gigi, un suo amico frequentatore di Brera, lo ricorda come un contestatore, un uomo "contro", dalla grande personalità che a volte andava sopra le righe gridando slogan assurdi tra la folla. Alfredo Brescia, suo amico pittore ricorda che Auti era una persona certamente simpatica, un po' ambivalente e indubbiamente molto strana. Spesso Auti diceva il contrario di quello che pensava e lo urlava alla folla convinto che questa capisse che le sue esternazioni fossero il contrario di quanto lui pensasse. Alcuni dei suoi slogan più ripetuti erano: "fuorilegge i sindacati", "viva Padre Pio", "viva Vanna Marchi", "viva la Fede, abbasso la Scienza", "viva la Controriforma, abbasso il Rinascimento", "viva il fascismo, abbasso la costituzione". Un amico lo ospitava a Corsico nei suoi ultimi anni di vita. Auti morì il 30/12/2007 all' età di 73 anni in ospedale in seguito ad un infarto. Un altro pittore suo amico, Martino Delego dice che con la sua arte Auti poteva arrivare molto in alto ma purtroppo è morto in disgrazia e in solitudine.

Icaro Ravasi (poeta ed amico di Auti)

GALLERIA

Filippo Auti, 1999, tempera, 50x70 Collezione Privata

La critica di Filippo Auti nei confronti della malasanità è una denuncia lucida, documentata e purtroppo ancora attualissima. La sua pittura è una violenta macchina immaginifica schierata contro i poteri forti che da sempre soffocano i più deboli, decidendo per loro le leggi, la religione, la morale e, appunto, anche la salute. La legge sulla morte celebrale e l' espianto di organi a un paziente considerato clinicamente morto diventano un pretesto per parlare di medici primari che si trasformano in manager senza scrupoli, di senzatetto utilizzati per gli esperimenti con l' elettrochoc, di mercati clandestini legati ai trapianti, di differenziazioni sociali anche nel trattamento dei pazienti. In questo quadro del '99 ci sono tutti i protagonisti della sua iconografia ospedaliera: il cadavere che denuncia l' espianto dei propri organi al pubblico (servendosi, ironicamente, di un linguaggio grafico che ricorda quello dei fumetti), i disoccupati e i subalterni ridotti a "materiale umano per i trapianti", il cuore umano che diventa una merce, il medico primario raffigurato come uno squalo, i suoi diabolici ferri del mestiere muniti di denti e artigli come in uno dei peggiori incubi di David Cronenberg.

Ivan Manupelli (fondatore della rivista "The Artist" / "Puck" ed amico di Auti)

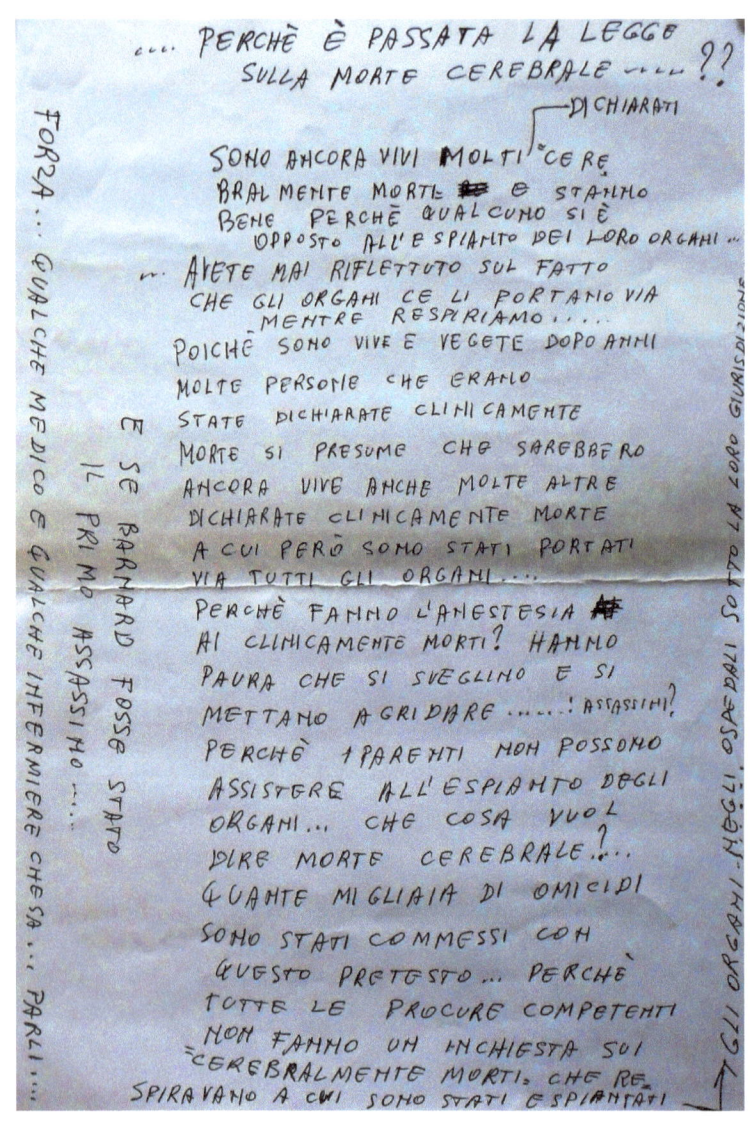

Proclama di Filippo Auti circa l' approvazione della legge sulla morte celebrale. Seguono altri proclami e manifesti scelti tra gli innumerevoli da lui redatti.

Rappresentazione del primario con farfallino visto come un feroce squalo predatore di organi umani, espiantati ai disoccupati in favore delle classi più abbienti.

Filippo Auti, 2001, tempera, 30x42 Collezione Privata

Filippo Auti, 2005, collage + tempera, 42x30 Collezione Privata

Filippo Auti, stampa, 50x70 Collezione Privata

Il mercato clandestino che si cela dietro il mondo dei trapianti viene qui atrocemente denunciato.

Rappresentazione del medico primario paragonato ad un feroce squalo e ad Al Capone.

Filippo Auti, 2005, collage + tempera, 50x70 Collezione Privata

Bellissimo e drammatico collage: Filippo Auti è stato un grande interprete di questa arte di scomporre e ricomporre ritagli e fotocopie di giornali inserendoli nei suoi contesti pittorici per esaltarne la drammaticità.

Filippo Auti, 2005, tempera, 50x70 Collezione Privata

Una caratteristica della tecnica adottata da Filippo Auti per la realizzazione dei suoi collages consisteva nella ripetizione dell' opera originale rielaborandola progressivamente con nuovi inserimenti e nuovi proclami ottenendo così una nuova opera originale differente dalla precedente.

Ma l' attacco di Filippo Auti al mondo medico si può anche spingere oltre. Come quando prende di mira un personaggio solitamente intoccabile come Christiaan Barnard, l' artefice del primo trapianto cardiaco. In un quadro intitolato "IL DUBBIO religioso, politico, scientifico", sopra le teste di Galileo e dello stesso Auti campeggia l' enorme faccia di Barnard con la scritta "Assassino" impressa sulla fronte. Qui Barnard 'confessa': *"I miei seguaci fanno l' anestesia ai morti viventi (vivaci) prima del trapianto, se no scappano i morti"*. L' opera è del 2001, anno di morte del celebre chirurgo.

Ivan Manupelli

Filippo Auti, 1982, tempera, 50x70 Collezione Privata

Si tratta di un' opera del '82, la prima in ordine cronologico di questa rassegna, in mancanza delle opere del periodo parigino di Filippo Auti.

Filippo Auti, 1984, tempera, 35x50 Collezione Privata

Drammatica rappresentazione della disperazione di due "espiantati". Si distinguono i ferri del chirurgo che vengono rappresentati come due grandi tenaglie nere mentre sullo sfondo campeggia la finestra di un ospedale, simbolicamente visto come una prigione e luogo di tortura.

Filippo Auti, 1986, tempera, 50x70 Collezione Privata

Di fronte alle finestre dell' "ospedale-prigione" il buio terrore della povera vittima dichiarata morta per procedere all' espianto degli organi.

Filippo Auti, 1986, tempera, 50x70 Collezione Privata

Filippo Auti, 1986, tempera, 50x70 Collezione Privata

Traspare qui la grande tenerezza di Filippo Auti nei riguardi della povera vittima dell' espianto. Compaiono ancora, sullo sfondo, le finestre dell' ospedale prigione.

Filippo Auti, 1986, tempera, 50x70 Collezione Privata

Ritratto di donna degno del miglior Matisse.

Filippo Auti, 1986, tempera, 50x70 Collezione Privata

Filippo Auti, 1986, tempera, 50x70 Collezione Privata

Filippo Auti, 1986, tempera, 50x70 Collezione Privata

Filippo Auti, 2004, tempera, 21x29 Collezione Privata

Filippo Auti, 1986, tempera, 50x70 Collezione Privata

Drammatica rappresentazione di un gruppo di oppressi in attesa dell' espianto.

Filippo Auti, 1987, collage + tempera, 50x70 Collezione Privata

Esempio di collage di Auti con i simboli della sua iconografia: sullo sfondo immagini di personaggi ed avvenimenti contemporanei.

Filippo Auti, 1989, tempera, 50x70   Collezione Privata

Opera astratta dai toni drammatici con evidenti richiami simbolici.

Filippo Auti, 1989, tempera, 50x70 Collezione Privata

L' anima della vittima dell' espianto di organi si solleva in volo. Opera in cui sono coniugati una grande drammaticità ed un grande lirismo.

Filippo Auti, 1989, tempera, 50x70 Collezione Privata

In primo piano una donna in attesa di espianto, in basso a destra il corpo mutilato e la sua disperazione.

Filippo Auti, 1989, tempera + collage + olio, 50x70 Collezione Privata

Dietro al muro ed alla porta dell' ospedale lager il caos ed il terrore.

Filippo Auti, 1989, tempera + collage + olio, 50x70 Collezione Privata

Auti era un profondo estimatore del pittore tedesco Otto Dix (maestro della rappresentazione della miseria durante gli anni della crisi della Repubblica di Weimar).

Filippo Auti, 1989, tempera + collage + olio , 50x70 Collezione Privata

Incubo nei corridoi dell' ospedale lager.

Filippo Auti, 1989, tempera + olio , 50x70 Collezione Privata

Gli oppressi in attesa di espianto.

Filippo Auti, 1989, tempera + collage + olio, 50x70 Collezione Privata

Filippo Auti, 1989, tempera + collage + olio, 50x70 Collezione Privata

Filippo Auti, 1989, tempera + collage + olio , 50x70 Collezione Privata

Filippo Auti, 1989, tempera + collage + olio, 50x70 Collezione Privata

Filippo Auti, 1989, tempera + collage + olio, 50x70 Collezione Privata

Non ci sono più rappresentazioni di figure umane ma lo strazio ed il dolore sono dirompenti.

Filippo Auti, 1991, tempera + olio, 50x70 Collezione Privata

Filippo Auti, 1991, tempera, 50x70 Collezione Privata

Terrore dell' uomo sottoposto ad elettroshock.

Filippo Auti, 1991, tempera, 50x70 Collezione Privata

Drammatico ritratto dell' oppresso che sarà vittima dell' espianto. Il suo grido non è meno drammatico dell' urlo di Munch. Auti, aprendo le porte di questo mondo di sofferenza, colpisce l' osservatore suscitando in lui un senso di grande "pietas".

Filippo Auti, 1991, tempera, 50x70 Collezione Privata

Filippo Auti, 1992 tempera, 50x70 Collezione Privata

Filippo Auti, 1992 tempera, 35x50 Collezione Privata

In questo e nel successivo dipinto sono rappresentati i volti di malati sottoposti ad elettroshock: Auti ha raggiunto e forse superato la drammaticità dei volti di Bacon.

Filippo Auti, 1992 tempera, 35x50 Collezione Privata

Filippo Auti, 1993 tempera, 70x50 Collezione Privata

Per sottolineare il drammatico momento dell' epoca in cui vive sovente rappresenta la luna nera, lo squalo, i ferri del mestiere e l' anima della vittima che prende il volo. Per contrasto, in alto a destra, schematizza il Partenone in ricordo dei suoi studi classici per sottolineare la perduta armonia del mondo antico.

Filippo Auti, 1993 tempera, 70x50 Collezione Privata

Il chirurgo "squalo", i ferri del mestiere, i corpi contorti dallo spasimo e la luna nera: il simboli dell' iconografia di Auti appaiono trasfigurati in un disegno dalla grande scioltezza ed immediatezza.

Filippo Auti, 1993 tempera, 70x50 Collezione Privata

Lo squalo, la luna ed il terrore mentale del povero oppresso in attesa dell' espianto.

Filippo Auti, 1996 tempera, 50x70 Collezione Privata

Filippo Auti, 1999, tempera, 50x70 Collezione Privata

Filippo Auti, 1999, tempera, 50x70 Collezione Privata

Filippo Auti, 1999, tempera, 21x29 Collezione Privata

Autoritratto di Auti voce degli oppressi e degli emarginati. Per l' altezza morale del suo messaggio e la componente rivoluzionaria si paragona a Leonardo, Faust, Prometeo e Spartaco.

Giano bifronte: da una parte il chirurgo appare salvatore di vite umane grazie al trapianto, dall'altra, tramite espianti a cuore battente, il chirurgo commette omicidio.

Filippo Auti, 2000, tempera, 70x50 Collezione Privata

Filippo Auti, 2000, tempera, 50x70 Collezione Privata

Filippo Auti, 2000, tempera, 50x70   Collezione Privata

Filippo Auti, 2002, tempera, 50x70 Collezione Privata

La donna in attesa di espianto rappresentata come merce il cui corpo è trasformato in oggetto di consumo pronto per essere gettato tra i rifiuti ospedalieri.

Filippo Auti, 2003, collage + tempera, 50x70 Collezione Privata

Orrore per il massacro delle torri gemelle (New York, 11 Settembre 2001): qui Auti esprime la condanna e lo sgomento del mondo per l' orrenda crudeltà dell' attentato terroristico.

Filippo Auti, 2004, tempera, 30x42 Collezione Privata

Filippo Auti, 2000, tempera, 70x50 Collezione Privata

Filippo Auti, 2004, tempera, 30x42 Collezione Privata

Autoritratto di Auti stanco, sfiduciato e deluso dalla società corrotta ed insensibile ai suoi ideali ed alla sofferenza degli oppressi ed emarginati.

Filippo Auti, 2004, tempera, 21x29 Collezione Privata

Uno dei quadri politici di Auti nel quale rappresenta Stalin a fianco dell' angelo della morte in ricordo dei milioni di uomini uccisi per soffocare il dissenso e la critica.

Manifesto contro la tortura che richiama un' immagine cara a Bacon dalla "*Corazzata Potëmkin*" di Sergej M. Ejzenštejn.

Filippo Auti, 2005, tempera, 14x16 Collezione Privata

Spasimo e terrore disegnati in questo volto trasfigurato dal dolore.

Volto terrorizzato durante l' elettroshock.

Filippo Auti, 2005, collage + tempera, 50x70 Collezione Privata

Filippo Auti, 2005, tempera, 21x29 Collezione Privata

Filippo Auti, 2005, tempera, 21x29 Collezione Privata

Filippo Auti, 2005, collage + tempera, 22x29 Collezione Privata

Qui sopra e di seguito: serie di ritratti di pazienti sottoposti a sperimentazioni ed espianti. Auti raggiunge vertici di drammaticità e potenza rappresentativa che non ha eguali nei pittori contemporanei.

Filippo Auti, 2005, tempera, 21x29 Collezione Privata

Filippo Auti, 2005, tempera, 21x29 Collezione Privata

Filippo Auti, 2005, collage + tempera, 22x29 Collezione Privata

Per ritrovare la stessa forza espressiva e drammaticità di questo volto occorre rifarsi a Goya.

Filippo Auti, Autoritratto, 2005, tempera, 21x29 Collezione Privata

Filippo Auti, 2005, tempera, 21x29 Collezione Privata

Autoritratto che ricorda il celebre autoritratto di Leonardo da Vinci.

Filippo Auti, 2005, tempera, 21x29 Collezione Privata

Filippo Auti, 2005, tempera, 21x29 Collezione Privata

Filippo Auti, 2005, tempera, 50x70 Collezione Privata

Il chirurgo che ha eseguito il trapianto ritratto con il classico "farfallino" e la povera vittima straziata e mutilata pronta per essere gettata tra i rifiuti ospedalieri.

Filippo Auti, 2005, tempera, 50x70 Collezione Privata

L' elettroshock come violento bombardamento a cui viene sottoposta la mente umana mentre in alto a sinistra, stilizzato, un aereo bombardiere lascia cadere il suo carico distruttivo.

Filippo Auti, 2005, matita e tempera, 50x70 Collezione Privata

Pittura astratta e simbolica.

Filippo Auti, 2005, tempera, 25x35 Collezione Privata

Filippo Auti, 2005, tempera, 50x70 Collezione Privata - Visioni di morte e terrore

Filippo Auti, 2005, tempera, 50x70 Collezione Privata - Visioni di morte e terrore

Filippo Auti, 2007, tempera, 42x30 Collezione Privata

Gli oppressi: imprigionati dietro le mura dell' ospedale-lager.

L' ULTIMA PERFORMANCE
Milano 30/12/2007

E così l'Angelo della Morte, nostro malgrado, si portò via anche Filippo Auti, maestro di visioni e amico fuori dal comune. Collaboratore storico di "The Artist", curava per noi la rubrica "Cronache della Terza Guerra Mondiale".

Ebbi la fortuna di conoscere Filippo soltanto quattro anni fa, in occasione di uno dei suoi tanti allucinanti comizi notturni nelle strade di Brera.

Filippo era pura provocazione. Un grandissimo performer di strada, uno dei pochissimi al mondo in grado di prendere il difficile pubblico borghese della Milano perbene e darlo in pasto al proprio carisma. L'artista più imprevedibile e coerente che io abbia mai conosciuto, nonché una delle mie principali fonti di ispirazione.

Rimasi folgorato da quella straordinaria macchina di visioni apocalittiche che animava il suo cervello: non avevo mai visto qualcosa di simile, e dubito che qualcun altro sarà in grado di eguagliare quello stesso inestimabile vulcano creativo .

L'opera di Auti è crudele, dissacrante, mai una volta che si sia presa sul serio. È l'eterno ghigno del giullare che si prende gioco della peste che ammorba il paese.

Dietro quella maschera, dietro quei colori, e dietro tutte quelle trovate provocatorie c'è una società fatta a pezzi dai poteri forti, dalle dittature, dalla miseria e dall'alienazione. C'è un lucidissimo scenario di guerra che fa venire i brividi, una profonda valle di lacrime, colore e sangue: la nostra vita. E Filippo ci ha insegnato a viverla con gli occhi strafottenti della provocazione, in un limbo allucinante in cui tutto è il contrario di tutto.

Le armi che usava erano le stesse del nemico: Filippo Auti rubava le immagini massificate, le icone popolari e politiche per farle recitare nel proprio personale teatro della disperazione.

Filippo era straordinariamente libero da ogni forma di potere: libero dalle gallerie, dalla retorica dei partiti (ma senza mai essere qualunquista) e libero dalle medicine. Ogni forma di sudditanza veniva immediatamente distrutta dalla sua coerenza sanguigna: Auti vendeva le sue opere da sé, direttamente al popolo e accompagnate dalla sua indimenticabile voce di protesta. Non erano previsti intermediari tra il suo inestimabile flusso creativo e il pubblico.

Ma purtroppo la nostra società non è strutturata per accogliere un genio di questa portata. Se un prodotto non lo puoi classificare allora devi tagliarlo fuori dal giro. La coerenza ha un caro prezzo da pagare, e lui lo sapeva bene.

Filippo Auti ha fatto la sua ultima grande performance la notte scorsa. Se ne è andato via in silenzio, nel sonno, come voleva lui. Poi ha preso un taxi e con quello ha raggiunto l'Olimpo degli artisti, assieme ai suoi tanto amati Otto Dix e Gericault.

Adesso tocca all'Aldilà aprire la propria coscienza . Filippo Auti venderà le sue opere alle Porte del Paradiso, se la riderà, e ammonirà le anime entranti: "Dio non esiste!"

Ivan Manupelli (fondatore della rivista "The Artist" / "Puck" ed amico di Auti)

Milano 30/12/2007

www.ingramcontent.com/pod-product-compliance
Lightning Source LLC
Chambersburg PA
CBHW041542220426
43664CB00002B/27